AF495902

# LA VUE,

## *BALLET*,

Repreſenté devant le ROY, ſur le Théatre des petits Appartemens à Verſailles.

*Imprimé par exprès Commandement de*
SA MAJESTÉ.

M. DCC. XLVIII.

*Les Paroles ſont de M.* Roi, *Chevalier de l'Ordre de S. Michel.*

*La Muſique eſt du Sieur* Mouret.

*Les Danſes ſont de la compoſition du S*[r]. Dehesse.

*Les Habits ſont faits ſur les deſſeins du S*[r]. Peronnet.

*Les Décorations ont été peintes par le S*[r]. Perot.

## *CHŒURS CHANTANS.*

### Côté du ROI.

Les Srs

*Camus*, } Deſſus.
*Gerome*, }

*Daigremont*, Taille.

*Le Bègue*, Haute-Contre.

*Godoneſche*, } Baſſes.
*Ducros*, }

### Côté de la REINE.

Les Srs

*Dupuis*, } Deſſus.
*Falco*, }
*Franciſque*, }

*Richer*, Taille.

*Bazire*, Haute-Contre.

*Benoiſt*, Baſſe.

*Poirier*, Haute-Contre.

## *PERSONNAGES DANSANS.*

### UN BERGER.

M. le Marquis de *COURTANVAUX.*

### BERGERS ET BERGERES.

### *ENTRE'E DES REGARDS.*

Les Sieurs *Beat*, *la Riviere.*

Les Demoiſelles *Puvigné*, *Camille.*

### AUTRES BERGERS ET BERGERES.

Le Sieur *Balleti*, la Demoiſelle *Aſtraudi.*
Le Sieur *Piſſet*, la Demoiſelle *Chevrier.*
Le Sieur *Barois*, la Demoiſelle *Dorſeuil.*
Le Sieur *Dupré*, la Demoiſelle *Durand.*

# ORCHESTRE.

| | |
|---|---|
| Clavecin, | *Mr Ferrand.* |
| Violoncelles, | *Le Sr Jeliote,*<br>*Le Sr Chrétien,*<br>*Le Sr Picot,*<br>*Mr Duport.* |
| Baſſons, | *Mr le Prince de* DOMBES;<br>*Le Sr Marliere.* |
| Violes, | *Mr de Dampiere,*<br>*Mr le Marquis de Sourches.* |
| Flutes, | *Mr Buſſilier,*<br>*Le Sr Deſelles.* |
| Hautbois, | *Le Sr Deſelles.* |
| Violons, premiers deſſus, | *Le Sr Mondonville,*<br>*Le Sr Deſelles,*<br>*Mr Buſſilier,*<br>*Le Sr Mayer.* |
| Violons, ſeconds deſſus, | *Le Sr Guillemain,*<br>*Mr de Courtaumer,*<br>*Mr Fauchet,*<br>*Mr Belleville.* |

# *ACTEURS.*

| | |
|---|---|
| L'AMOUR. | *Madame la Marquise* DE POMPADOUR. |
| ZEPHIRE. | *Madame* DE MARCHAIS. |
| IRIS. | *Madame* TRUSSON. |
| AQUILON. | *Monsieur le Marquis* DE LA SALLE. |

BERGERS ET BERGERES.

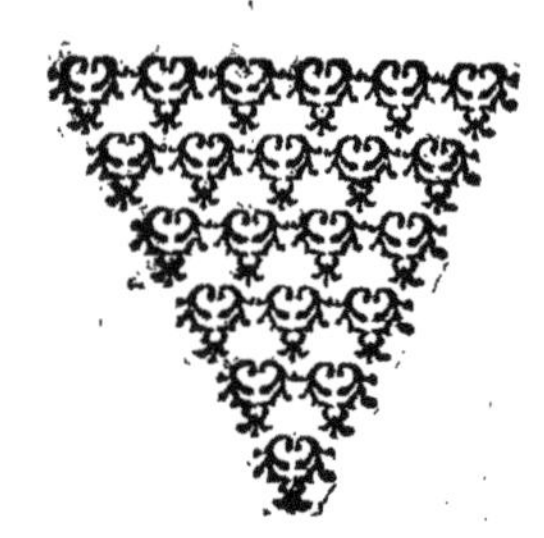

# LA VUE,

## *BALLET.*

Le Théatre représente une vaste Campagne bornée par des Côteaux fleuris.

### SCENE PREMIERE.

L'AMOUR, ZEPHIRE.

L'AMOUR.

*Mes yeux qu'un voile épais a si long-tems couverts,*
*S'ouvrent enfin à la lumiere.*
*Cher Zephire, je crois voir naître l'Univers;*
*Je crois que le Soleil qui colore les airs,*
*Commence pour moi sa carriere.*

ZEPHIRE.

*Songe à quel prix les Dieux t'accordent ces bienfaits.*

*Amour, quand ta main téméraire*
*Fait voler au hazard tes flames & tes traits,*
*Ton bandeau sert d'excuse aux maux que tu peux faire:*
*L'excuse cesse désormais;*
*C'est pour le bien des Cœurs que le Destin t'éclaire.*

L'AMOUR.

*Si je dois m'occuper à faire leur bonheur,*
*Je veux en essayer le secret sur moi-même:*
*Et je sens déja que mon cœur*
*A trouvé ce qu'il faut que j'aime.*

ZEPHIRE.

*Ce n'est pas Flore au moins qui te tient sous sa loi.*

*L'Amour est un rival qui cause trop d'effroi;*
*Pour ce maître des Cœurs il n'est point de cruelle.*
*Le Destin m'a donné des aîles comme à toi;*
*Nous possedons tous deux la jeunesse immortelle;*
*Tu cesses d'être aveugle, on te prendra pour moi:*
*Flore s'y tromperoit, sans paroître infidelle.*

L'AMOUR.

*Je ne troublerai point tes feux.*

*C'eſt entre la Terre & les Cieux*
*Que brille l'Objet qui m'enchante.*
*Son Trône eſt un arc radieux ;*
*Et toutes les couleurs qui ſéduiſent les yeux,*
*Forment ſa parure éclatante :*
*C'eſt ſur ſon front ſerein qu'on voit regner les Jeux.*
*Sa préſence toujours chérie & bienfaiſante,*
*Diſſipe en un moment les orages affreux :*
*C'eſt Iris, de Junon l'aimable Confidente.*

ZEPHIRE.

*Amour, tu t'es bleſſé du plus beau de tes dards ;*
*Rien n'égale l'Objet à qui ton cœur s'arrête :*
*Et ce choix nous apprend que c'eſt par les regards*
*Que doit toujours commencer la conquéte.*
*Mais ſçais-tu qu'Aquilon lui porte ſes ſoupirs ?*
*Aquilon, l'ennemi de Zephire & de Flore,*
*Qui ravage les dons que nos feux font éclore,*
*Et qui trouble le monde, en troublant nos plaiſirs.*

*Que je serai content, s'il perd toute espérance!*

L'AMOUR.

*Va, je n'oublirai rien pour hâter ta vengeance.*

ZEPHIRE.

*Puissai-je à mon retour voir combler tes desirs!*
*Je pars, je vais à Flore en faire confidence.*

## SCENE SECONDE.

### L'AMOUR.

ENchantez mes regards, Objets délicieux,
Vous me dédommagez du séjour du Tonnerre.
Brillez, naissantes Fleurs, vous êtes à la Terre
Ce que les Astres sont aux Cieux.

Coulez, Ruisseaux, Amans de la Verdure;
Chantez, Oiseaux, chantez, Peuple toujours heureux;
C'est vous dont je reçois l'offrande la plus pure,
Le plaisir n'éteint point vos feux.
Passez dans mon cœur amoureux,
Charmes, que je répans sur toute la Nature.
Mais, qui peut du Soleil obscurcir les rayons?
Quels déluges sont prêts d'inonder ces Vallons?
Hélas! je languirai dans une longue attente.
Iris ne viendra point, l'orage l'épouvante....

Elle paroît. Mes yeux, contemplez tant d'appas:
Momens de m'expliquer, ah! ne differez pas.

## SCENE TROISIEME.

IRIS sur l'Arc-en-Ciel, L'AMOUR.

IRIS.

*Vents furieux, cessez votre guerre funeste ;*
*Qu'un calme heureux regne dans l'Univers ;*
*Que mes douces splendeurs éteignent les éclairs :*
*Torrens, qui descendez de la Voute celeste,*
*Arrêtez, demeurez suspendus dans les airs.*

*Vous, Ormeaux, relevez vos languissans feuillages ;*
*Oiseaux intimidés à l'aspect des orages,*
*Volez, reprenez vos concerts,*
*J'aime à recevoir vos hommages.*

L'AMOUR.

*Triomphez, belle Iris, tout ressent vos attraits.*
*Et vos regards sont des bienfaits.*

*Vos couleurs font pâlir l'Aurore ;*
*Le Soleil éblouit, votre éclat est plus doux :*
*Si la terre applaudit à la beauté de Flore,*

*L'Air, la Terre & les Cieux, tout s'embellit par vous.*

IRIS, prenant l'Amour pour Zephire.

*Vous servez Flore, elle vous aime ;*
*Zephire, pouvez-vous vanter d'autres appas?*

L'AMOUR.

*A ce discours, avouez-le vous-même,*
*Vous ne me reconnoissez pas.*

IRIS.

*Je reconnois Zephire ; eh! peut-on s'y méprendre?*
*Toujours plus amusant que tendre,*
*Vous êtes prêt à vous rendre,*
*Plus prompt à vous dégager :*
*Je ne me défens pas du plaisir passager*
*De vous voir & de vous entendre,*
*Votre inconstance en ôte le danger.*

L'AMOUR.

*Non, je vous aime, Iris, pour ne jamais changer.*

IRIS.

*N'aviez-vous pas fait la même promesse*

*A la Divinité dont vous ſuivez les Loix?*

L'AMOUR.

*Non, tout ce que pour vous je reſſens de tendreſſe,*
*Croyez que je le ſens pour la premiere fois.*

*On n'a jamais brûlé d'une ardeur plus ſincere ;*
*J'en atteſte les Dieux, & ce jour qui m'éclaire ;*
*Croyez que de l'Amour vous entendez la voix :*
*Je ne rougirai point aux yeux de Flore même,*
*De vous jurer que je vous aime,*
*Et que vos ſeuls appas ont mérité mon choix.*

IRIS.

*Qu'entens-je? quel trouble il m'inſpire!*
*Où ſuis-je? ô Ciel! je vois & je cherche Zephire.*
*Quel éclat releve ſes traits!*
*Les accens de ſa voix ſont plus doux que jamais.*

L'AMOUR.

*Ah! connoiſſez l'Amant ſoumis à votre Empire.*

IRIS.

*Fuyez, Aquilon vient : ô Dieux! que je le hais!*

## SCENE QUATRIEME.

### AQUILON, IRIS, L'AMOUR cru ZEPHIRE.

AQUILON.

*AImable Iris, craignez moins ma présence ;*
*Je bannis loin de vous mes Suivans orageux :*
*Je renonce à mes droits, je suspens ma puissance.*
*Mais suspendez aussi vos mépris rigoureux :*
*Flatez d'un rayon d'espérance*
*L'amour le plus constant, & le plus malheureux.*

IRIS.

*Je ne puis que vous plaindre.*
*D'une inutile ardeur pourquoi vous occuper ?*
*Je serois plus coupable encor de vous tromper,*
*Que de vous aider à l'éteindre.*

AQUILON.

*Vous ne m'annoncez donc qu'un éternel malheur,*
*Et je m'étois flaté d'une espérance vaine.*

*Pourquoi m'envier, inhumaine,*
*Jusqu'au plaisir de l'erreur?*
*Les soupirs, les transports d'une si vive ardeur*
*Ont-ils mérité votre haine?*

IRIS.

*Nos cœurs ne sont pas faits pour le même lien.*
*Vous annoncez toujours ou suivez le tonnerre;*
*Entre les Elemens vous excitez la guerre:*
*Le soin de les calmer fait mon unique bien.*

AQUILON.

*Notre accord causeroit le bonheur de la Terre.*

IRIS.

*Je ne sçai s'il seroit le mien.*

AQUILON.

*Ah! je vois les raisons de tant de résistance.*
*Un autre Amant est écouté:*
*Le volage Zephire obtient la préférence*
*Sur ma fidélité.*

IRIS.

*Qui vous dit que Zephire ait vaincu ma fierté?*

AQUILON.

*Ses discours que je viens d'entendre ;*
*Plus encor votre trouble, & sa tranquillité.*

IRIS.

*Eh ! qui m'obligeroit à feindre ?*
*Quel droit avez-vous de vous plaindre ?*
*De quel espoir vous avois-je flaté ?*
*C'est assez, laissez-moi rendre la paix au Monde*
*Que vous avez épouvanté.*
*Aux ordres de Junon il faut que je réponde.*

AQUILON.

*Non, ce n'est point aux Dieux que vous obéissez :*
*Vous voulez vous soustraire à mes soins empressés.*
*Mais craignez les fureurs que le dépit m'inspire.*
*Si je ne puis voler aux célestes Palais,*
*Si la Terre & les Airs terminent mon Empire,*
*Ah ! du moins ici-bas ne paroissez jamais.*
*Je vous opposerai le plus sombre nuage ;*
*J'obscurcirai l'éclat de vos attraits ;*

*J'armerai les vents & l'orage :*
*Et Zephire, qui m'outrage,*
*Enſeveli, glacé ſous mes frimats épais,*
*Ne triomphera pas des maux que l'on m'a faits.*

Il ſort.

## SCENE CINQUIEME.

### IRIS, L'AMOUR.

IRIS.

*AH! je tremble pour vous.*

L'AMOUR.

*Ah! trop aimable crainte!*
*En faveur de mes feux je l'explique aujourd'hui.*
*Mais Aquilon exhale une inutile plainte ;*
*Et l'Amour qu'il menace, est plus puissant que lui.*

IRIS.

*Quoi! vous êtes l'Amour? ce Dieu, dont le partage*
*Est de rendre les cœurs heureux.*

L'AMOUR.

*Vous deviez le connoître à l'excès de ses feux.*

IRIS.

*Quoi! vous êtes l'Amour? C'est l'Amour qui m'engage,*
*Et qui m'offre ses premiers vœux?*

*Mon trouble étoit donc votre ouvrage?*
*Mais l'Amour n'a-t-il plus un bandeau sur les yeux?*

L'AMOUR.

*De la clarté le Ciel me rend l'usage:*
*C'est vous qui m'en rendez l'usage précieux.*

ENSEMBLE.

*Ne songeons désormais qu'au bonheur de nous plaire.*
*Ah! que notre chaîne a d'attraits!*
*L'immortalité ne m'est chere,*
*Que pour vous aimer à jamais.*

L'AMOUR.

*Zephire sçait l'ardeur qui pour vous me devore;*
*Il va bien-tôt paroître dans ces lieux.*

*Je l'entens; sur ses pas voyez la Cour de Flore.*
*Vous avez éloigné l'Aquilon furieux.*
*Ces Bergers vont chanter ces jours, ces jours heureux,*
*Que vous seule faites éclore.*

## SCENE SIXIEME.

### IRIS, L'AMOUR, ZEPHIRE, CHŒUR DE BERGERS.

ZEPHIRE.

*Jouissez, après l'orage,*
*De l'éclat d'un si beau jour :*
*Tout renaît dans ce Bocage ;*
*Les Plaisirs sont de retour.*

LE CHŒUR.

*Jouissons, &c.*

ZEPHIRE.

*A l'Amour tout rend hommage ;*
*Jamais les tendres Oiseaux*
*N'ont éveillé les Echos*
*Par un plus tendre ramage.*

LE CHŒUR.

*Jouissons, &c.*

ZEPHIRE.

*Plus de Bergere volage ;*
*Plus d'ingrats dans ce Hameau.*
*Sans ſoins, ſans jaloux ombrage,*
*Dans un fidele eſclavage,*
*Un bonheur toujours nouveau*
*Deviendra votre partage :*
*L'Amour même en eſt le gage ;*
*Il s'offre à vous ſans bandeau :*
*Pour vos feux quel doux préſage !*

LE CHŒUR.

*Jouiſſons, après l'orage,*
*De l'éclat d'un ſi beau jour :*
*Tout renaît dans ce Bocage ;*
*Les Plaiſirs ſont de retour.*

ZEPHIRE.

*Triomphez, triomphez, Divinité brillante :*
*Vous enchaînez le Dieu qui ſoumet tous les Cœurs.*
*Quelle gloire plus éclatante ?*
*Le bonheur de l'Amour dépend de vos ardeurs.*

LE CHŒUR.

*Triomphez, &c.*

ZEPHIRE à IRIS.

*Par des beautés toujours nouvelles,*
*Vous charmez les regards surpris.*
*L'Amour qui vous choisit entre les Immortelles,*
*Du doux plaisir de voir, par vous, sent tout le prix.*

LE CHŒUR.

*Triomphez, &c.*

ZEPHIRE.

*Les regards sont les premiers traits*
*Du charmant Vainqueur de Cythere:*

*Ils sont l'ame de nos secrets,*
*Et le signal de l'amoureux mystere.*

*Les regards sont les premiers traits*
*Du charmant Vainqueur de Cythere.*

*Trop heureux qui voit ses progrès*
*Dans les yeux de sa Bergere!*

*Quel Oracle aux Amans parfaits,*
*Plus doux, plus flateur, plus sincere?*
*Les regards sont les premiers traits*
*Du charmant Vainqueur de Cythere.*

On danse.

ZEPHIRE.

*Cette Fleur qui fut l'Amante*
*De l'Astre qui regle les jours,*
*S'ouvre à sa clarté naissante,*
*Et vers lui se tourne toujours:*
*Le matin épanouie,*
*Elle se ferme le soir;*
*Elle trouve une autre vie*
*Dans le plaisir de le voir.*

LE CHŒUR.

*Triomphez, triomphez, Divinité brillante:*
*Vous enchaînez le Dieu qui soumet tous les Cœurs.*
*Quelle gloire plus éclatante?*
*Le bonheur de l'Amour dépend de vos ardeurs.*

FIN.

269

www.ingramcontent.com/pod-product-compliance
Ingram Content Group UK Ltd.
Pitfield, Milton Keynes, MK11 3LW, UK
UKHW021032220726
13924UKWH00001B/270

9 782019 952648